リッチだけど甘すぎない、
グルテンフリーで体にやさしい

大人の米粉おやつ

創房優

はじめに

子どものころに作ったおやつの記憶はありますか？　部屋いっぱいに広がる甘い香り。ちょっと不格好でも、ついつい手がのびて、あっという間になくなってしまうおいしさ――。少し手間や時間はかかりますが、おうちで作るおやつのおいしさは格別です。いつからかそんな時間を失ってしまうことも多いけれど、心の奥に記憶されたきらめく時間は、いつまでも薄れないものです。

時がたち、大人になって、どのようなおやつの時間を過ごしていますか？　おやつは、日々の暮らしに絶対に必要なものではないかもしれませんが、あると気持ちを豊かにしてくれます。自分だけのご褒美として楽しむなら、とびきりリッチな味わいに。家族が寝静まった夜更けにこっそりたしなむなら、お酒をきかせて。甘さを控えたヘルシーなおやつなら、朝ごはんの代わりにつまんだっていい。そんな風に、大人にもおやつの時間を楽しんでほしい。そう思って、本書のレシピを考えました。

少し時間のある日に、ページをめくってみてください。米粉のおやつが好きな人はもちろん、おやつ作りが初めての人にも、やさしいレシピだと思います。材料も、なるべく身近なものを中心に、洋酒やスパイス、コーヒーやお茶、季節のフルーツなど、大人な味わいを生んでくれる素材を組み合わせました。

食べる時間も楽しいけれど、作る時間はもっと楽しい。オーブンから立ちのぼる香りや、焼きたてのケーキのふわふわ食感は、作った人しか味わえないものです。大人になった今だからこそ楽しめる、贅沢なおやつ時間をどうぞ。

創房優

お店のこと

「創房優」は、金沢の下町にある六畳一間のアパートで YouTube動画を撮ることから始まりました。「小さい部屋」という意味の“房”で、“優”しいものを“創”る。 いつか大きくなることがあっても、初心を忘れることがないようにと、金沢の師匠がつけてくれました。 2024年の秋、たくさんの方におやつを食べていただける場所が、故郷の多治見にできました。 大きなお店ではありませんが、私にとっては、無限の広がりを与えてくれる大切な場所です。

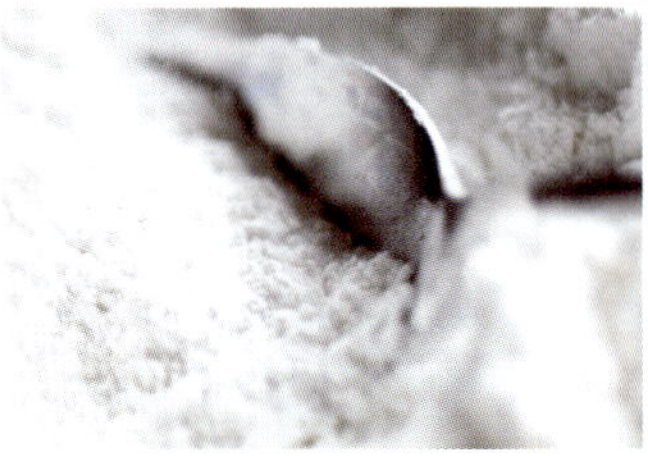

米粉のこと

私がこだわっているのは、“米粉だから”おいしいおやつ。 ケーキはもっちり、クッキーはさっくり。 米粉で作るおやつには、日本人好みのおいしさがあります。お米は古来より日本人の主食として食べられてきたものだから、私たちの体になじむのかもしれません。 また、グルテンを含まないため、混ぜすぎてもかたくなる失敗がなく、ダマになる心配がないのもうれしいところです。

多治見の街のこと

故郷でお店を開くことを決め、10年ぶりに岐阜県・多治見に帰ってきました。独立することへの不安もありましたが、住む人たちのやさしさや、なつかしい言葉に緊張もほぐれ、日に日に街になじんでいくのを実感しています。ゆったりとした雰囲気は、私が学生だったあのころのまま。レトロな街並みを歩くのも楽しいし、春や秋は、街の中心を流れる土岐川の土手で、外おやつをするのもおすすめ。ぜひ遊びにきてください。

Contents

1. シンプルだけどリッチなおやつ

朝ごはんにもなるおやつ

2. くだものと野菜のおやつ

3. コーヒーとお茶のおやつ

お酒をきかせた夜おやつ

この本の決まり

- 大さじ1=15mℓ、小さじ1=5mℓ、1カップ=200mℓです。
- 電子レンジは600Wのものを、
  オーブンは電気オーブンを使用しました。
  加熱時間は目安です。使用年数や機種により
  多少の違いがありますので、様子を見て加減してください。
- 本書で使用した米粉については、p.94でご紹介しています。
- 本書のレシピでは卵、乳製品を使用しています。
  特に記載のない場合、卵はLサイズ（約60g）の
  ものを使用しました。
- ナッツ類はロースト・食塩不使用のものを使用しました。
  生のものを使う場合は、180°Cのオーブンで7〜8分
  から焼きしてください。
- バターやチョコレートを溶かしたり、生地を温めるときの
  「湯せん」は、鍋に湯を沸かして火を止めたところに、
  材料を入れたボウルを重ねておこなっています。
- 本書で使用した型については、p.95でご紹介しています。

1. シンプルだけどリッチなおやつ

たとえば、米粉のサクッとした食感を生かしたクッキーは、
ナッツやチョコレートでコクをプラス。
バットで焼くフィナンシェは、発酵バターを使って香り高く。
ガトーショコラには、温かいガナッシュソースをたっぷりかけて。
型をなるべく使わず、気軽さはそのままに、
大人が楽しめるリッチな味わいのおやつを考えました。

材料（直径4.5cmのもの15枚分）
発酵バター（食塩不使用）—— 60g
全卵 —— 25g
きび砂糖 —— 40g
塩 —— ひとつまみ
｜製菓用米粉 —— 80g
｜アーモンドパウダー —— 35g
全卵（仕上げ用）—— 適量

A

B

C

下準備
・天板にオーブンシートを敷く。

1 バターは湯せんにかけて溶かす（*A*）。

2 ボウルに*1*と全卵、きび砂糖、塩を入れ、ホイッパーでよく混ぜる。粉類を加え、ゴムべらでよく混ぜる。

3 ひとまとまりになったらラップで包んで直径4cm、長さ20cm程度の棒状に整え（*B*）、冷凍庫で2時間ほど冷やしかためる。

4 オーブンを170℃に予熱する。*3*を取り出してラップをはずし、1cm厚さに切る（*C*）。

5 天板に間隔をあけて並べ、仕上げ用の全卵をはけで塗る。170℃のオーブンで20分ほど焼く。

リッチバターサブレ

型いらずの気軽さがうれしい厚焼きサブレ。
発酵バターがふわっと豊かに香ります。
米粉ならではのサクッとした食感が、あとを引くおいしさ。

塩くるみクッキー

チョコボートクッキー

香ばしさとざくざくとした歯ごたえがくせになる!
くるみは、見た目以上にたっぷり入っています。
仕上げにふった粗塩が、よいアクセントに。

材料(直径4cmのもの18個分)

- くるみ ── 40g
- バター(食塩不使用) ── 60g
- 全卵 ── 15g
- きび砂糖 ── 40g
- 塩 ── ひとつまみ
- 製菓用米粉 ── 75g
- アーモンドパウダー ── 25g
- 粗塩(仕上げ用) ── 適量

下準備

・くるみは粗く刻む。
・オーブンは180℃に予熱する。

1 バターは湯せんにかけて溶かす。

2 ボウルに**1**と全卵、きび砂糖、塩を入れ、ホイッパーでよく混ぜる。粉類、くるみの半量ほどを加え、ゴムべらでよく混ぜる(A)。

3 手のひらで転がして直径3cmほどの丸形に成形する(B)。天板に並べ、残りのくるみをひとかけらずつのせ、1cmほどの厚さになるよう指で押してつぶす(C)。仕上げ用の粗塩を散らす。

4 180℃のオーブンで15分ほど焼く。

A

B

C

火通りをよくするために、指で押したボート形のクッキーを
思いつきました。濃厚なガナッシュをたっぷりのせて。
代わりにジャムをのせてもおいしくいただけます。

材料(直径4cmのもの18個分)

- バター(食塩不使用) ── 50g
- 全卵 ── 25g
- きび砂糖 ── 40g
- 塩 ── ひとつまみ
- 製菓用米粉 ── 70g
- アーモンドパウダー ── 35g
- ココアパウダー ── 6g

ガナッシュ

- 製菓用ビターチョコレート ── 80g
- 生クリーム ── 20g
- ラム酒 ── 小さじ½強(3g)

下準備

・天板にオーブンシートを敷く。
・オーブンは180℃に予熱する。

1 バターは湯せんにかけて溶かす。

2 ボウルに**1**と全卵、きび砂糖、塩を入れ、ホイッパーでよく混ぜる。粉類を加え、ゴムべらでよく混ぜる。

3 手のひらで転がして直径3cmほどの丸形に成形する。天板に並べ、親指で中央を押してくぼみを作る(A)。

4 180℃のオーブンで15分ほど焼く。

5 ガナッシュを作る。別のボウルにチョコレートを入れ、湯せんにかけて溶かす。完全に溶けたら生クリーム、ラム酒の順に加え、そのつどホイッパーでよく混ぜる(B)。温かいうちに**4**のくぼみにのせる(C)。

A

B

C

ピスタチオのブールドネージュ

コクのある味わいと香ばしさが特徴のピスタチオ。
刻んでたっぷり混ぜ込むことで、
濃厚でリッチな味わいに仕上がりました。

材料（直径3.5cmのもの14個分）

ピスタチオ —— 15g
バター（食塩不使用）—— 45g
きび砂糖 —— 20g
｜製菓用米粉 —— 35g
｜アーモンドパウダー —— 30g
粉砂糖 —— 適量

下準備

・オーブンは180℃に予熱する。
・ピスタチオは細かく刻む（*A*）。

1 バターは湯せんにかけて溶かす。

2 ボウルに*1*ときび砂糖を入れ、ホイッパーでよく混ぜる。粉類とピスタチオを加え、ゴムべらでよく混ぜる。

3 手のひらで転がして直径2.5cmほどの丸形に成形する（*B*）。天板に並べ、180℃のオーブンで15分ほど焼く。

4 網にのせ、完全に冷ましてから粉砂糖をまぶす（*C*）。

A

B

C

材料（直径5cmのもの8組分）

バター（食塩不使用）— 40g
全卵 — 30g
きび砂糖 — 40g
　製菓用米粉 — 90g
　アーモンドパウダー — 30g
バニラアイスクリーム — 100g
製菓用ビターチョコレート — 100g

A

B

C

下準備

・天板にオーブンシートを敷く。
・オーブンは180℃に予熱する。

1 バターは湯せんにかけて溶かす。

2 ボウルに*1*と全卵、きび砂糖を入れ、ホイッパーでよく混ぜる。粉類を加え、ゴムべらでよく混ぜる。ひとまとまりになったらラップで包み、冷蔵庫で1時間以上冷やしかためる。

3 ラップを広げて*2*を取り出し、上にもラップをかぶせ、めん棒を転がして5mm厚さにのばす。上にかぶせたラップをはずし、直径5cmの菊型で16枚抜く（*A*）。

4 天板に並べ、180℃のオーブンで13分ほど焼く。取り出して網にのせ、冷ます。

5 チョコレートは湯せんにかけて溶かす。

6 *4*を2枚1組にしてアイスクリームをはさむ（*B*）。*5*に半分くらいまでつけ（*C*）、オーブンシートを敷いたバットに並べ、冷凍庫で冷やしかためる。

・ラップで包んで冷凍すれば、3週間ほど保存可能。

アイスクッキーサンド

ざくざくとした素朴なクッキーにバニラアイス、
パリッとコーティングされたチョコレート。
贅沢なハーモニーをお楽しみください。

流しっぱなしのシナモンフロランタン

キャラメルは流しっぱなし。手でぱきぱきと割って食べるきどらないフロランタンです。キャラメリゼしたアーモンドの香ばしさに、清涼感のあるシナモンがよく合います。

材料(約23×17cmのもの1枚分)

タルト生地

- バター(食塩不使用)── 30g
- 全卵 ── 15g
- きび砂糖 ── 25g
  - 製菓用米粉 ── 50g
  - アーモンドパウダー ── 20g

スライスアーモンド ── 40g

キャラメル

- 生クリーム ── 10g
- きび砂糖 ── 25g
- はちみつ ── 10g
- バター(食塩不使用)── 10g
- シナモンパウダー ── 小さじ1/3(0.5g)

A

B

C

下準備

・アーモンドは180℃のオーブンで7分ほどから焼きする。
・オーブンは180℃に予熱する。

1 バターは湯せんにかけて溶かす。

2 ボウルに*1*と全卵、きび砂糖を入れ、ホイッパーでよく混ぜる。粉類を加え、ゴムべらでよく混ぜる。

3 オーブンシートを広げて*2*をのせ、ラップをかぶせ、めん棒を転がして4mm厚さにのばす(*A*)。

4 ラップをはずしてオーブンシートごと天板にのせ、180℃のオーブンで13分ほど焼く。

5 小鍋にキャラメルの材料を入れ、中火にかける。ふつふつと泡立ってきたらアーモンドを加え(*B*)、まんべんなくからめて火を止める。

6 *4*を取り出して上面に*5*を流し、ゴムべらで軽くのばす(*C*)。180℃のオーブンでさらに13分ほど焼く。

・焼きたてはやわらかいが、冷めるとパリッとする。

濃厚カスタードシュー

↓作り方はp.22

おうちで作るシュークリームのおいしさといったら！
濃厚なカスタードクリームを、贅沢に詰めました。
焼きたては、クリームを入れずそのまま食べても。
このおいしさを味わえるのは、作った人だけの特権です。

シューを白鳥の姿に見立てました。
ちょっと手間はかかるけれど、
優雅でかわいらしい姿は、
食べるのがもったいないと思えるほどです。

arrange

スワンシュー

↓作り方は p.23

濃厚カスタードシュー

材料（直径5.5cmのもの14個分）

シュー生地

- バター（食塩不使用）― 40g
- 牛乳 ― 45g
- 水 ― 45g
- 製菓用米粉 ― 60g
- 全卵 ― 約3個

カスタードクリーム

- 牛乳 ― 300g
- バニラペースト ― 少々（小指のつめの半分ほど）
- 卵黄 ― 3個
- きび砂糖 ― 60g
- 製菓用米粉 ― 25g
- バター（食塩不使用）― 15g

粉砂糖 ― 適量

A

B

C

D

E

下準備

・シュー生地用の全卵は常温にもどし、割りほぐす。
・バターは1cm角に切る。
・天板にオーブンシートを敷く。
・オーブンは200℃に予熱する。

1 シュー生地を作る。鍋（フッ素樹脂加工でないもの）にバターと牛乳、分量の水を入れ、中火にかける。沸騰してバターが溶けたら米粉を加え、耐熱のゴムべらで手早く混ぜる。鍋底に生地が薄く張りつくくらいまで加熱し（A）、火を止める。

2 ボウルに移し、全卵の半量を加え、ゴムべらでボウルに押しつけるように混ぜる。

3 残りの全卵を少しずつ加え、ゴムべらですくってたらしたとき、生地が三角形に落ちるくらいのやわらかさにする（B。卵は残る場合も、足りない場合もあるので様子を見ながら加減する）。

4 丸口金をつけた絞り出し袋に**3**を入れ、天板に間隔をあけて直径4.5cmほどの丸形に14個絞り出す（C）。霧吹きで水を2回かけ、200℃のオーブンで15分焼き、180℃に下げて10分ほど焼く（途中でオーブンを開けないこと）。取り出して、網にのせて冷ます。

5 カスタードクリームを作る。小鍋に牛乳とバニラペーストを入れ、沸騰直前まで温める。

6 ボウルに卵黄ときび砂糖を入れ、ホイッパーでよく混ぜる。米粉、**5**の順に加え、そのつどホイッパーでよく混ぜる。

7 小鍋に戻し入れて中火にかけ、耐熱のゴムべらでたえず混ぜながら、全体にとろみがつくまで焦がさないように加熱する（D）。

8 火から下ろしてバターを加え、よく混ぜる。バットに流し入れ、表面にラップをぴったりと張りつけ、底に氷水を当てて急冷する（E）。

9 **4**を上から$1/3$程度のところでカットし、**8**を等分にはさむ。仕上げに粉砂糖をふる。

arrange

スワンシュー

材料(14個分)

「濃厚カスタードシュー」(p.22)の
　シュー生地 —— 全量

「濃厚カスタードシュー」(p.22)の
　カスタードクリーム —— 全量

ホイップクリーム

- 生クリーム —— 100g
- きび砂糖 —— 5g

粉砂糖 —— 適量

A

B

C

D

E

下準備

・天板にオーブンシートを敷く。
・オーブンは200℃に予熱する。

1 ホイップクリームを作る。ボウルに生クリームときび砂糖を入れ、底に氷水を当てながらハンドミキサーで八分立て(羽根ですくったとき、先端がゆっくりおじぎするくらい)にする。星型の口金をつけた絞り出し袋に入れ、冷蔵庫で冷やしておく。

2 胴体を作る。直径1cmの丸口金をつけた絞り出し袋にシュー生地を入れ、長径6cmほどのしずく形に14個絞り出す(A)。生地は少し残しておく。

3 霧吹きで水を2回吹きかけ、200℃のオーブンで15分焼き、180℃に下げて10分ほど焼く(途中でオーブンを開けないこと)。取り出して、網にのせて冷ます。

4 首を作る。ポリ袋で小さな絞り出し袋を作り、残しておいたシュー生地を入れ(B)、逆S字形に14個絞り出す。片方の先端は竹串でくちばしの形に整える(C)。

5 霧吹きで水を2回吹きかけ、180℃に予熱したオーブンで13分ほど焼く。取り出して、網にのせて冷ます。

6 3を上から$\frac{1}{3}$程度のところでカットし、上部分は縦半分に切って羽を作る(下部分が胴体になる)。

7 胴体の部分にカスタードクリームを詰め(D)、ホイップクリームを絞り出す。首と羽をつけ(E)、粉砂糖をふる。

本格ガトーショコラ

メレンゲを使うから、少しだけ手間はかかるけれど
軽やかな食感と口どけを味わうためにはかえがたい。
甘さ控えめ、ほんのりビターなチョコレートケーキです。

下準備
- ・粉類は小さなボウルに合わせ、ホイッパーでよく混ぜる。
- ・型にオーブンシートを敷く。
- ・オーブンは160℃に予熱する。

材料（直径15㎝の底取れ丸型１台分）
バター（食塩不使用）── 60ｇ
製菓用ビターチョコレート ── 70ｇ
生クリーム ── 70ｇ
卵黄 ── 3個
卵白 ── 3個分
きび砂糖 ── 70ｇ
｜製菓用米粉 ── 30ｇ
｜ココアパウダー ── 20ｇ

1　バターとチョコレートはそれぞれ別のボウルに入れ、湯せんにかけて溶かす。

2　溶かしたチョコレートに生クリームを加え、3分おいてからホイッパーでよく混ぜる。溶かしたバター、卵黄の順に加え、そのつどよく混ぜる。

3　別のボウルに卵白ときび砂糖を入れ、ハンドミキサーの高速で七分立て（羽根ですくったとき、とろりとリボン状に落ちるくらい）にする（*A*）。

4　**2**に**3**を1/3量ほど加え、ホイッパーでよく混ぜる。粉類を加え、さらによく混ぜる。

5　残りの**3**を加え、ゴムべらで底からすくうように40回ほど混ぜる（*B*。メレンゲをつぶしすぎないように。卵白の白い筋が見えなくなるまで）。

6　型に流し入れ、160℃のオーブンで40分ほど焼く。

7　焼き上がったら型を台の上にトントンと軽く落とし、焼き縮みを防ぐ。型のまま冷ます（*C*）。

A

B

C

Column

ホットガナッシュソース

温かいうちにガトーショコラにかけてどうぞ。

材料（作りやすい分量）
製菓用ビターチョコレート ── 40ｇ
生クリーム ── 50ｇ
ラム酒 ── 小さじ1/2強（3ｇ）

1　ボウルにチョコレートを入れ、湯せんにかけて溶かす。

2　生クリームを加え、3分おいてからホイッパーでよく混ぜる。ラム酒を加えてよく混ぜる。

バター香る贅沢フィナンシェ

型を使わず、バットに流して焼くお手軽レシピです。
素朴な見た目ながら、焦がした発酵バターの風味が
口いっぱいに広がる、リッチな味わい。

材料(20.8×14.5×高さ4.4㎝の
ホーローバット1枚分)

発酵バター(食塩不使用)— 80g
卵白 — 90g
きび砂糖 — 70g
塩 — ひとつまみ
| 製菓用米粉 — 50g
| アーモンドパウダー — 50g
| ベーキングパウダー
| — 小さじ1/2弱(1.5g)

下準備

・バットにオーブンシートを敷く。
・オーブンは180℃に予熱する。

1 小鍋にバターを入れ、中火にかける。泡がたくさん出てこんがりと色づいたら火を止め、底を冷水に当ててこれ以上熱が入るのを防ぐ(A)。
・60℃くらいを保ちたいので、冷めてしまったら再び湯せんにかけて温める。

2 ボウルに卵白ときび砂糖、塩を入れ、ホイッパーで泡立てないように静かに混ぜる。

3 粉類、1の順に加えてよく混ぜる(B)。

4 バットに流し入れ(C)、180℃のオーブンで20分ほど焼く。

A

B

C

あんバターどら焼き

栗バターどら焼き

時間がたってもふんわりした生地の秘密は、

少量の油とアーモンドパウダーを加えること。

あんことバターを合わせた、ちょっとハイカラなどら焼きです。

材料（直径8cmのもの3組分）

生地

- 全卵 ── 1個（60g）
- きび砂糖 ── 20g
- みりん・はちみつ ── 各5g
- 米油 ── 10g
  - 製菓用米粉 ── 40g
  - アーモンドパウダー ── 20g
  - ベーキングパウダー ── 小さじ$\frac{1}{2}$（2g）

粒あん（市販品） ── 120g

有塩バター（薄切り） ── 3枚

1 ボウルに全卵、きび砂糖、みりん、はちみつ、米油を入れ、ホイッパーでよく混ぜる。粉類を加え、さらによく混ぜる。

2 フッ素樹脂加工のフライパンを弱火で温め、**1**をスプーンなどですくって直径7cm程度の円形に6枚落とし入れ、焼く。

3 表面にふつふつと気泡が出てきたら裏返し（A）、さらに1分ほど焼く。

4 冷めたら2枚1組にし、粒あんとバターを等分にはさむ（B）。

A

B

栗とバターの口福なコンビネーション。

市販の甘栗を使えば、季節を問わずいつでも楽しめます。

栗あんは、裏ごしするひと手間で、グッとなめらかな口当たりに。

材料（直径8cmのもの3組分）

「あんバターどら焼き」の生地 ── 全量

栗あん

- むき甘栗 ── 150g
- きび砂糖 ── 40g
- 有塩バター ── 30g
- 牛乳 ── 30g

むき甘栗（サンド用） ── 6粒

1 「あんバターどら焼き」の作り方**1～3**と同様に生地を作る。

2 ジッパーつきの保存袋に栗あんの材料を入れ、袋の口を閉じてめん棒でなめらかにつぶす（A）。ざるで裏ごしし、さらになめらかにする（B）。

3 **1**が冷めたら2枚1組にし、**2**と甘栗を等分にはさむ。

A

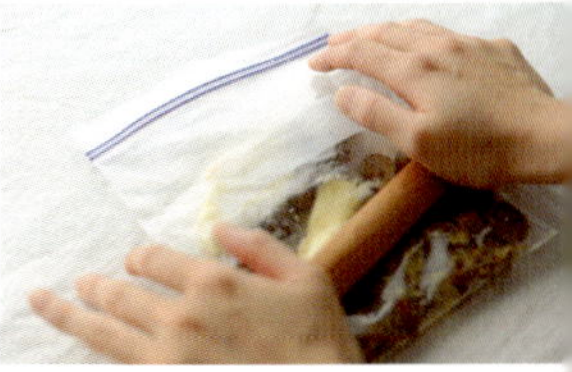

B

朝ごはんにもなるおやつ

豆腐パンケーキ

材料(直径8cmのもの5枚分)

木綿豆腐(または絹ごし豆腐) —— 80g
全卵 —— 1個(60g)
きび砂糖・米油 —— 各20g
｜製菓用米粉 —— 80g
｜アーモンドパウダー —— 20g
｜ベーキングパウダー
｜—— 小さじ$\frac{1}{2}$強(2.5g)
メープルシロップ —— 適量

1 ボウルに豆腐、全卵、きび砂糖、米油を入れ、ホイッパーでよく混ぜる(A)。粉類を加え、よく混ぜる。

2 フッ素樹脂加工のフライパンを弱火で温め、1をスプーンですくって直径7cmの円形に落とす(B)。

3 ふちがカリッとしてきたら裏返し(C)、ふたをして3分ほど焼く。

4 器に盛り、メープルシロップをかける。好みでジャムや水きりヨーグルト(各分量外)を添えても。

A

B

C

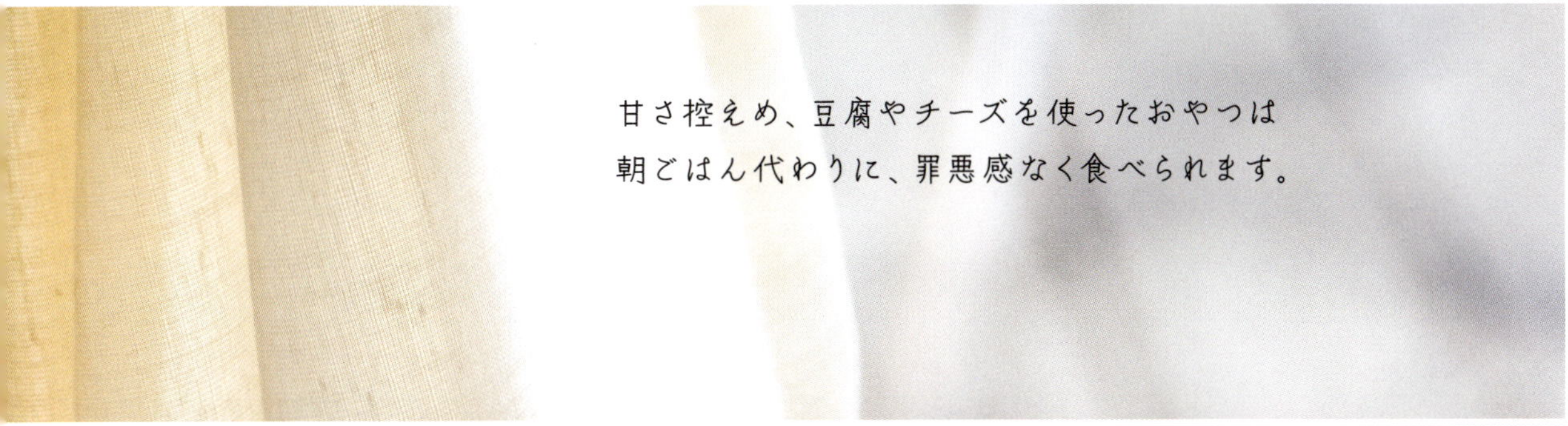

甘さ控えめ、豆腐やチーズを使ったおやつは
朝ごはん代わりに、罪悪感なく食べられます。

焼くまで5分の気軽なパンケーキ。
木綿豆腐で作るとふかふか、
絹ごし豆腐で作るとしっとり。
たっぷりのメープルシロップを
かけてめし上がれ。

生クリーム入りの生地は、
ふんわり、軽やかな食感。
〝甘じょっぱい〟が
くせになる味わいです。
カマンベールがとろりこぼれる
焼きたてをどうぞ。

ハニーチーズマフィン

材料(直径7.5cmのマフィン型6個分)

全卵 ── 120g
きび砂糖 ── 50g
はちみつ ── 50g
生クリーム ── 35g
米油 ── 70g
| 製菓用米粉 ── 120g
| アーモンドパウダー ── 35g
| ベーキングパウダー
| ── 小さじ3/4(3g)
カマンベールチーズ ── 1個(90g)

下準備
・型にグラシンカップを敷く。
・オーブンは180℃に予熱する。

1 カマンベールチーズは12等分に切る。

2 ボウルに全卵、きび砂糖、はちみつ、生クリーム、米油を入れ、ホイッパーでよく混ぜる。粉類を加え、さらによく混ぜる。

3 型に流し入れ、1を2切れずつのせる(A)。180℃のオーブンで20分ほど焼く。

A

チーズとパセリのふわもちマフィン

生地に粉チーズを混ぜ込んだ、
ふわもちの新食感。
パセリは、
こんなに入れて大丈夫？
と思うかもしれませんが
心地よい清涼感で、
香りよく仕上がります。

材料（直径7.5㎝のマフィン型6個分）

- 全卵 ── 110g
- 牛乳 ── 80g
- きび砂糖 ── 25g
- 米油 ── 60g
- パセリ ── 12g
- 粉チーズ ── 25g
- 製菓用米粉 ── 120g
- アーモンドパウダー ── 50g
- ベーキングパウダー ── 7g

下準備

・型にグラシンカップを敷く。
・オーブンは180℃に予熱する。

1 パセリは細かく刻む（*A*）。

2 ボウルに**1**と全卵、牛乳、きび砂糖、米油を入れ、ホイッパーでよく混ぜる。チーズと粉類を加え、さらによく混ぜる。

3 型に流し入れ（*B*）、180℃のオーブンで20分ほど焼く。

A

B

ダッチベイビー

オーブンから
取り出したときの
大きなふくらみに、心躍ります。
さくっ、ふわ、もちっ。
食感も楽しいダッチベイビー。
ゆったりとした休日の朝食に、
いかがでしょう。

材料（直径15㎝のスキレット1台分）

全卵 —— 1個（60g）
牛乳 —— 50g
きび砂糖 —— 5g
製菓用米粉 —— 30g
バター（食塩不使用）—— 5g
生ハム・クリームチーズ・
　粗びき黒こしょう・
　メープルシロップ —— 各適量

下準備

・オーブンは220℃に予熱する。

1 ボウルに全卵、牛乳、きび砂糖を入れ、ホイッパーで泡立てないように静かに混ぜる。米粉を加え、さらによく混ぜる（A）。

2 スキレットを中火で熱し、バターを溶かして全体になじませ、しっかり温まったら火を止める。

3 2に1を流し入れ（B）、220℃のオーブンで15分ほど焼く（C）。好みで生ハム、クリームチーズを添え、黒こしょうとメープルシロップをかける。

A

B

C

2. くだものと野菜のおやつ

旬のくだものや野菜を見かけると、これでどんなおやつを作ろうか？　といつも想像をめぐらせてしまいます。
大人が楽しむなら、少しお酒やスパイスをきかせるのもおすすめですし、
いちじくとすだち、洋梨とブルーチーズ、バナナと山椒など、
ちょっと意外な、でもとびきりおいしい組み合わせも、ぜひ試してみてください。

いちじくとマスカルポーネのケーキ

同じ季節が旬の、いちじくとすだちの出会い。
タルト型で焼いたスポンジに、思いのままにのせるだけ。
おおらかだけど華やかに見える、秋のケーキです。

材料（直径18cmの陶器製タルト型1台分）

生地

- 全卵 ── 100g
- きび砂糖 ── 70g
- 米油 ── 70g
- ラム酒 ── 小さじ1（5g）
  - 製菓用米粉 ── 70g
  - アーモンドパウダー ── 25g
  - ベーキングパウダー ── 小さじ1/2弱（1.5g）

マスカルポーネクリーム

- マスカルポーネチーズ ── 100g
- ラム酒 ── 小さじ1/2強（3g）

いちじく ── 2個

すだちの皮 ── 適量

下準備

・型にバター（分量外）を薄く塗る。

・オーブンは180℃に予熱する。

1 ボウルに全卵、きび砂糖、米油、ラム酒を入れ、ホイッパーでよく混ぜる。粉類を加え、さらによく混ぜる。

2 型に流し入れ（A）、180℃のオーブンで25分ほど焼く。取り出して型のまま冷ます。

3 ボウルにクリームの材料を入れ、ホイッパーでよく混ぜる。

4 いちじくは皮つきのまま2cm幅のくし形に切る（B）。

5 2に3を塗り（C）、4をのせる。すだちの皮を削って散らす。

A

B

C

材料(直径15㎝の底取れ丸型1台分)

クリームチーズ —— 150g
牛乳 —— 70g
米油 —— 20g
卵黄 —— 2個
製菓用米粉 —— 30g
レモン(国産)の皮のすりおろし
—— $\frac{1}{3}$個分
卵白 —— 2個分
きび砂糖 —— 50g

下準備

・型にオーブンシートを敷き、
型の底と側面はアルミホイルで二重に包む
(A。湯せん焼きの湯が入るのを防ぐため)。
・オーブンは130℃に予熱する。

1 耐熱ボウルにクリームチーズと牛乳を入れ、湯せんにかけて温めながらホイッパーでよく混ぜる。

2 別のボウルに米油と卵黄を入れ、ホイッパーでよく混ぜる。*1*、米粉、レモンの皮を順に加え、そのつどよく混ぜる。

3 別のボウルに卵白ときび砂糖を入れ、ハンドミキサーの高速で七分立て(羽根ですくったとき、とろりとリボン状に落ちるくらい)にする。

4 *2*に*3*を加え、ゴムべらで底からすくうように40回ほど混ぜる(B。メレンゲをつぶしすぎないように。卵白の白い筋が見えなくなるまで)。

5 型に流し入れ(C)、バットにのせて深さ2㎝ほど50℃くらいの湯を注ぎ(D)、130℃のオーブンで50分ほど湯せん焼きにする(焼き色がつきにくい場合は、180℃でさらに5分ほど焼く)。取り出して、熱いうちに型から出し、オーブンシートをはがす。

A

B

C

D

レモンスフレチーズケーキ

ふんわり、しゅわっ。至福の食感のチーズケーキに
さわやかなレモンの香りをまとわせました。
焼きたてでも、しっかり冷やしてもおいしい。

生レモンケーキ

シフォン生地をマフィン型で焼いて、
食べきりサイズのかわいいケーキに。
ホイップは、レモン果汁を加えると泡立てが簡単になります。
レモンのさわやかな香りと酸味、とろける食感がたまらない。

材料（直径7.5cmのマフィン型6個分）

生地

- 卵黄 —— 2個
- 米油 —— 13g
- ぬるま湯（40℃くらい） —— 13g
- 製菓用米粉 —— 40g
- レモン（国産）の皮のすりおろし —— 1/3個分
- 卵白 —— 2個分
- きび砂糖 —— 25g

レモンホイップ

- 生クリーム —— 150g
- きび砂糖 —— 15g
- レモン果汁 —— 小さじ2（10g）

トッピング用レモン（薄切り） —— 1枚

A

B

C

下準備

- ・卵黄と卵白は、それぞれボウルに入れる。卵白は冷凍庫で冷やしておく（少し凍るくらいでもよい）。
- ・トッピング用のレモンは、6等分のいちょう切りにする。
- ・型にグラシンカップを敷く。
- ・オーブンは170℃に予熱する。

1　生地を作る。卵黄のボウルに米油を加え、ホイッパーでよく混ぜる。ぬるま湯、米粉、レモンの皮を順に加え、そのつどよく混ぜる。

2　卵白のボウルにきび砂糖を加え、ハンドミキサーの高速で八分立てにする（A。羽根ですくったとき、先端がゆっくりおじぎするくらい。しなやかで、きめの細かい状態がよい）。

3　2の1/3量を1に加え、ホイッパーでよく混ぜる。残りの2も加え、ゴムべらでボウルの底から返すように混ぜる。

4　マフィン型に流し入れ、170℃のオーブンで25分ほど焼く。焼き上がったら1個ずつ台の上に軽く落とし、焼き縮みを防ぐ。網にのせて冷ます。

5　レモンホイップを作る。ボウルにレモンホイップの材料を入れ、底に氷水を当てながらハンドミキサーで八分立て（羽根ですくったとき、先端がゆっくりおじぎするくらい）にする。

6　4の中心に口金の先端や箸などで穴をあける（B）。

7　直径8mmの丸口金をつけた絞り出し袋に5を入れ、6の中に絞り出す（C）。上面にもふんわりと絞り、トッピング用レモンを飾る。

材料（直径18cmの陶器製タルト型1台分）

洋梨 —— 1/2個（正味100g）

ブルーチーズ —— 50g

生地

- 全卵 —— 80g
- きび砂糖 —— 60g
- 米油 —— 60g
  - 製菓用米粉 —— 60g
  - アーモンドパウダー —— 20g
  - ベーキングパウダー —— 小さじ1/4（1g）

クランブル

- 製菓用米粉 —— 15g
- アーモンドパウダー —— 15g
- きび砂糖 —— 15g
- バター（食塩不使用） —— 15g

下準備

・型にバター（分量外）を薄く塗る。

・オーブンは170℃に予熱する。

1 洋梨は皮をむき、2cm角に切る（*A*）。

2 クランブルの材料をボウルに入れ、指先でバターをつぶしながら混ぜる。バターと米粉がなじんできたら指先ですり合わせるようにして、そぼろ状にする。使うまで冷蔵庫で冷やしておく（*B*）。

3 別のボウルに全卵、きび砂糖、米油を入れ、ホイッパーでよく混ぜる。粉類を加え、さらによく混ぜる。

4 3を型に流し入れ、1、ちぎったブルーチーズをのせ、2を散らす（*C*）。170℃のオーブンで40分ほど焼く。

A

B

C

洋梨と ブルーチーズのケーキ

芳醇な香りの洋梨に、塩けのきいたブルーチーズがマッチ。
おやつにはもちろん、ワインのおともにもなるケーキです。
クランブルのさくさく食感もくせになります。

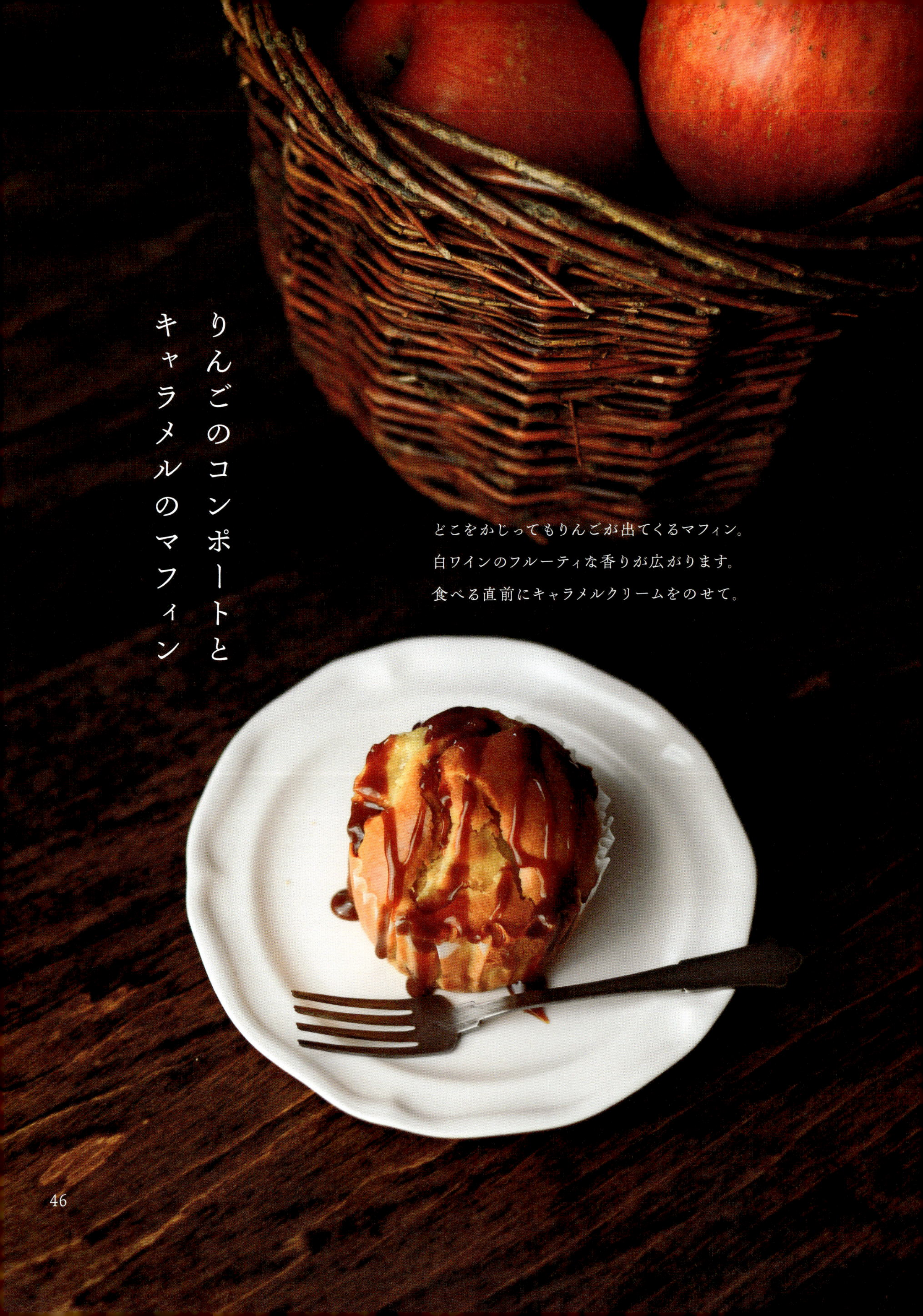

りんごのコンポートと キャラメルのマフィン

どこをかじってもりんごが出てくるマフィン。
白ワインのフルーティな香りが広がります。
食べる直前にキャラメルクリームをのせて。

材料（直径7.5cmのマフィン型5個分）

りんごのコンポート

- りんご ── 1個
- 水・白ワイン ── 各1/2カップ
- きび砂糖 ── 20g
- レモン果汁 ── 小さじ2（10g）

生地

- 全卵 ── 120g
- きび砂糖 ── 50g
- 米油 ── 70g
  - 製菓用米粉 ── 120g
  - アーモンドパウダー ── 30g
  - ベーキングパウダー ── 小さじ1（4g）

キャラメルクリーム

- きび砂糖 ── 30g
- 水 ── 小さじ1（5g）
- 生クリーム ── 20g

A

B

C

下準備

・型にグラシンカップを敷く。

1 りんごのコンポートを作る。りんごは皮をむいて4等分のくし形切りにし、5mm厚さに切る（*A*）。残りのコンポートの材料とともに小鍋に入れ、軽く混ぜてから弱火で10分ほど煮る。りんごが少ししんなりしたらOK。そのまま冷ましてざるにあげ、汁けをきる。

2 オーブンを180℃に予熱する。ボウルに全卵、きび砂糖、米油を入れ、ホイッパーでよく混ぜる。粉類を加え、さらによく混ぜる。

3 ***1***を加え、ゴムべらでまんべんなく混ぜる。型に流し入れ（*B*）、180℃のオーブンで25分ほど焼く。取り出して、網にのせて冷ます。

4 キャラメルクリームを作る。生クリームは湯せんにかけ、人肌くらいまで温める。

5 小鍋にきび砂糖と分量の水を入れ、よく混ぜてから中火にかける。そのままさわらずに加熱し、煙が出てこんがり色づいてきたら***4***をゆっくり加え（*C*。はねるので注意）、耐熱のゴムべらで軽く混ぜながら加熱し、全体がなめらかになったら耐熱容器に移して冷ます。

6 食べる直前に***3***に***5***をかける。

・キャラメルクリームがかたまってしまったら、湯せんにかけ、やわらかくして使う。

バナナのバレンタインマフィン

ワンボウルでぐるぐる混ぜるだけ。
焼くまで5分、失敗知らずのレシピです。
甘さ控えめ、バナナのおかげでしっとり。

材料（直径7.5cmのマフィン型6個分）

バナナ ― 85g
全卵 ― 120g
米油 ― 50g
牛乳 ― 50g
きび砂糖 ― 85g
　製菓用米粉 ― 110g
　アーモンドパウダー ― 50g
　ココアパウダー ― 20g
　ベーキングパウダー ― 4.5g
チョコレートチップ ― 40g
チョコレートチップ（トッピング用）
　― 適量

下準備

・型にグラシンカップを敷く。
・オーブンは180℃に予熱する。

1　ボウルにバナナを入れ、フォークで少し形が残るくらいにつぶす（A）。

2　全卵、米油、牛乳、きび砂糖を加え、ホイッパーでよく混ぜる。粉類とチョコチップを加え、さらによく混ぜる。

3　型に流し入れ（B）、トッピング用のチョコチップを散らす（C）。

4　180℃のオーブンで20分ほど焼く。

A

B

C

クレープシュゼット

米粉のクレープは、歯ざわりがもっちり。
グランマニエを香らせたオレンジソースが
一段と生地のおいしさを引き立てます。

材料（3枚分）

クレープ生地

- 全卵 ── 1個（60g）
- きび砂糖 ── 5g
- 米油 ── 5g
- 牛乳 ── 120g
- 製菓用米粉 ── 50g

オレンジソース（作りやすい分量）

- バター（食塩不使用）── 10g
- きび砂糖 ── 20g
- オレンジ果汁 ── $\frac{3}{4}$カップ（150g）
- グランマニエ ── 大さじ1

オレンジ ── 1個

ミントの葉・粉砂糖 ── 各適量

1 ボウルに全卵、きび砂糖、米油、牛乳を入れ、ホイッパーでよく混ぜる。米粉を加え、さらによく混ぜる。

2 直径24cmのフッ素樹脂加工のフライパンを弱火で熱し、**1**の$\frac{1}{3}$量を流し入れて手早く薄く広げる。ふちがカリッとしてきたら裏返し、両面を焼く（A）。残りも同様に焼く。

3 オレンジソースを作る。小鍋にバターときび砂糖を入れ、バターが溶けてきたら軽く揺すり、泡が出るまで加熱する。オレンジ果汁とグランマニエを加え、耐熱のゴムべらで軽く混ぜながらひと煮立ちさせる（B）。

4 オレンジは上下を薄く切り落として皮を削ぐようにむき、薄皮と薄皮の間にV字にナイフを入れ、小房に分ける。

5 **2**を4つ折りにして器に盛り、**4**をのせ、**3**を適量かける（C）。ミントの葉を添え、粉砂糖をふる。

A

B

C

Column

いちごの白ワインコンポート

ひと煮立ちさせて余熱で仕上げると、いちごの形やおいしさはそのままに、白ワインの香りが広がります。

材料（作りやすい分量）

- いちご（ヘタを除く）── 150g
- 水 ── 50g
- 白ワイン ── 100g
- きび砂糖 ── 40g

1 すべての材料を小鍋に入れて軽く混ぜ、中火にかける。ひと煮立ちしたら火を止め、そのまま冷ます。

・オレンジソースの代わりに、クレープにかけてもおいしい。軽やかな酸味の水きりヨーグルトを添えて。

バナナと山椒のタルト

山椒はミカン科。 そのさわやかな柑橘系の香りと
バナナはきっと合うはず、という期待に応えてくれました。
意外な組み合わせを楽しむ、新しいタルトです。

材料（直径20cmのもの1枚分）

バナナ —— 1本

実山椒（乾燥）

—— 小さじ½～（好みで）

タルト生地

- バター（食塩不使用）—— 30g
- 全卵 —— 15g
- きび砂糖 —— 25g
- 製菓用米粉 —— 50g
- アーモンドパウダー —— 20g

アーモンドクリーム

- バター（食塩不使用）—— 20g
- きび砂糖 —— 10g
- 全卵 —— 15g
- アーモンドパウダー —— 15g
- 製菓用米粉 —— 8g

はちみつ（好みで）—— 適宜

下準備

- ・アーモンドクリーム用のバターは室温におき、やわらかくする。
- ・バナナは斜め薄切りにする。
- ・山椒はすり鉢ですりつぶす（A）。パウダーを使ってもよい。
- ・天板にオーブンシートを敷く。
- ・オーブンは180℃に予熱する。

1 「流しっぱなしのシナモンフロランタン」（→p.19）の作り方**1**～**4**と同様にタルト生地を作る（直径19cmの円形になるようにのばして焼く）。

2 アーモンドクリームを作る。ボウルにバターときび砂糖を入れ、ゴムべらですり混ぜる。なじんだら全卵、粉類の順に加え、ホイッパーでそのつどよく混ぜる。

3 **1**に**2**を塗り（B）、バナナをのせて（C）、180℃のオーブンで15分ほど焼く。山椒を散らし、はちみつをかける。

A

B

C

さくさく、パリパリ、ねっとり。
３つの食感を、ラム酒の香りがひとまとめに。
焼き芋があったら作ってほしい、型いらずのタルトです。

材料（直径20cmのもの１枚分）

タルト生地

- バター（食塩不使用）— 30g
- 全卵 — 15g
- きび砂糖 — 25g
- 製菓用米粉 — 50g
- アーモンドパウダー — 20g

焼き芋（市販品） — １本（正味100g）
ラム酒 — 小さじ１（5g）
アーモンドスライス — 適量
はちみつ（好みで） — 適宜

A

B

C

下準備

・天板にオーブンシートを敷く。
・オーブンは180℃に予熱する。

1 「流しっぱなしのシナモンフロランタン」（→p.19）の作り方**1**〜**4**と同様にタルト生地を作る（直径19cmの円形になるようにのばして焼く）。

2 焼き芋は皮をむき（A）、ボウルに入れてラム酒を加え、スプーンなどでよく混ぜる（B）。

3 **1**に**2**を塗り、アーモンドを散らし（C）、180℃のオーブンで15分ほど焼く。

4 器に盛り、はちみつをかける。

ラム芋
オープンタルト

かぼチョコケーキ

やさしい甘みと、こっくりとした味わいを持つかぼちゃは、
濃厚なチョコレートと好相性。
しっとり、食べごたえのあるチョコレートケーキです。

材料（直径15cmの底取れ丸型1台分）

かぼちゃ（栗かぼちゃなど水分の少ないもの）── 皮つきで100g
製菓用ビターチョコレート ── 50g
全卵 ── 1個（60g）
きび砂糖・米油 ── 各20g
｜製菓用米粉 ── 30g
｜アーモンドパウダー ── 20g
｜ベーキングパウダー ── 小さじ1（4g）

下準備

・かぼちゃは皮つきのまま適当な大きさに切り、やわらかくなるまで15分ほど蒸す（A）。ゆでてもOK。
・型にオーブンシートを敷く。
・オーブンは180℃に予熱する。

1 チョコレートは刻んでボウルに入れ、湯せんにかけて溶かす。

2 ボウルにかぼちゃを入れ、温かいうちにホイッパーなどでつぶす（少し形が残るくらいでよい）。

3 *2*に*1*、全卵、きび砂糖、米油を加え、ホイッパーでよく混ぜる。粉類を加え（B）、さらによく混ぜる。

4 粉けがなくなったら型に流し入れ、180℃のオーブンで30分ほど焼く。取り出して、型のまま冷ます（C）。

A

B

C

Column

かぼちゃホイップ

かわいい黄色のホイップクリーム。
ケーキに添えたり、マフィンにのせて！

材料（作りやすい分量）

かぼちゃ ── 皮つきで70ｇ
生クリーム ── 50ｇ
きび砂糖 ── 5ｇ

1 かぼちゃは皮つきのまま適当な大きさに切り、やわらかくなるまで15分ほど蒸す。皮を除き、裏ごしする。

2 ボウルに生クリームときび砂糖を入れ、底に氷水を当てながらハンドミキサーで八分立て（羽根ですくったとき、先端がゆっくりおじぎするくらい）にする。

3 1を加え、ホイッパーでまんべんなく混ぜる。

スパイスキャロットケーキ

すりおろしたにんじんが入った生地は、やさしい甘さ。
3種のスパイスが香る、大人の味わいに仕上げました。
焼きたてはもっちり、冷やすとしっとり。

材料（17×8×高さ6cmのパウンド型1台分）

生地

- にんじん —— 100g
- きび砂糖 —— 70g
- 米油 —— 70g
- 全卵 —— 80g
  - 製菓用米粉 —— 100g
  - アーモンドパウダー —— 40g
  - ベーキングパウダー —— 小さじ½強（2.5g）
  - シナモンパウダー・ナツメグパウダー・カルダモンパウダー —— 各5つまみ（0.5g）
- くるみ —— 40g

チーズクリーム

- クリームチーズ —— 150g
- きび砂糖 —— 15g

下準備

・クリームチーズは室温においてやわらかくする（200Wの電子レンジで1分ほど温めてもOK）。
・くるみは粗く刻む。
・型にオーブンシートを敷く。
・オーブンは180℃に予熱する。

1 にんじんはおろし金ですりおろす（A）。ざるに入れて水けを絞り、80gにする。

2 ボウルに1、きび砂糖、米油、全卵を入れ、ホイッパーでよく混ぜる。粉類とくるみを加え（B）、さらによく混ぜる。

3 型に流し入れ、180℃のオーブンで40分ほど焼く（中心に竹串をさしてみて、どろっとした生地がつかなければOK）。

4 粗熱がとれたら型から出してオーブンシートをはがし、ラップで包んで冷蔵庫で冷やす。

5 ボウルにチーズクリームの材料を入れ、ホイッパーでよく混ぜる。4の上面に塗り（C）、かたまるまで冷蔵庫で冷やし、食べやすく切る。

A

B

C

"皿パフェ"の楽しみ

plate parfait

少し深さのあるお皿に、その日食べたいものや
相性のよい食材を組み合わせ、「皿パフェ」と呼んで楽しんでいます。
まずはベースとなるクリーム、アイス、水きりヨーグルトなどをのせ、
次に彩りや味わいのアクセントになるフルーツ、ナッツなどを。
最後にソースやシロップをかけるのが、おおよそのスタイルです。
今回は、本書に登場する材料を皿パフェに仕立ててみました。
いろいろアレンジできますので、自由に楽しんでみてください。

「ティラミスケーキ」(→p.70)のティラミスクリームを使って…

idea 1

材料と作り方(1人分)

下準備

・いちごのマリネを作る。
いちご2個はヘタを除き、輪切りにする。
ブランデー小さじ1とメープルシロップ大さじ1であえる。

1 皿にティラミスクリーム(→p.70参照)をスプーンで山盛り4杯のせる。

2 いちごのマリネをのせる。

3 ココアパウダー適量をふる。

4 いちごのマリネのシロップを適量かけ、あればミント少々を添える。

idea 2

「りんごのコンポートとキャラメルのマフィン」(→p.46)のコンポートとキャラメルクリームを使って…

材料と作り方(1人分)

1 皿にバニラアイスクリーム(市販品)1スクープをのせる。

2 バナナの輪切り8枚、りんごのコンポート(→p.47参照)7〜8切れをのせる。

3 刻んだくるみ適量を散らす。

4 湯せんにかけてやわらかくしたキャラメルクリーム(→p.47参照)適量をかける。

3. コーヒーとお茶のおやつ

コーヒーやお茶の豊かな香りとほろ苦さを、
おやつにしたらどうかな、と考えました。
いつものパンケーキやロールケーキも、コーヒーの風味で
グッと大人の味わいに。ほうじ茶葉を混ぜ込んだブラウニーや
紅茶のシフォンは、ほおばるとふわっと香りが広がり、癒されます。
ほっとひと息つきたいときに、楽しんでほしいおやつです。

コーヒーバターケーキ

さらさらとした生地なので、フライパンいっぱいに流して
大きなパンケーキにしてみよう、と考えました。
コーヒーとバターのリッチな香り。ふんわりやさしい食感です。

材料（直径20cmのもの1枚分）

バター（食塩不使用）── 30g
インスタントコーヒー（顆粒）── 2g
熱湯 ── 小さじ1（5g）
全卵 ── 1個
きび砂糖 ── 30g
　製菓用米粉 ── 50g
　アーモンドパウダー ── 20g
　ベーキングパウダー ── 小さじ½（2g）
有塩バター（トッピング用）── 適量

A

B

C

1　バターは湯せんにかけて溶かす。インスタントコーヒーは分量の湯で溶く。

2　ボウルに全卵、きび砂糖、1を入れ（A）、ホイッパーでよく混ぜる。粉類を加え、粉けがなくなるまでさらによく混ぜる。

3　フッ素樹脂加工のフライパンを弱火で熱し、2を一度に流し入れる（B）。全体にふつふつと穴があいてくるまで焼き（C）、裏返してふたをし、さらに3分ほど焼く。

4　食べやすい大きさに切り、バターをお好みの量のせる。

コーヒーロールケーキ

↓作り方はp.68

もっちりとした食感がおいしい生地に、
ほろ苦いコーヒーホイップを合わせました。
時間がたってもしっとり、ふわふわで
ロールケーキは米粉のほうが好き！　と思える味です。

レトロでかわいいたぬきケーキ。
どこかひょうきんで、ちょっとずつ異なる表情に
思わずくすっと笑みがこぼれてしまいます。
作るのも、食べるのも楽しいおやつ。

arrange

たぬきケーキ

↓作り方は p.69

コーヒーロールケーキ

材料（25cm角のロールケーキ用天板1台分）

生地

- 卵黄 —— 3個
- 米油 —— 13g
- インスタントコーヒー（顆粒） —— 3g
- 熱湯 —— 大さじ1（15g）
- 製菓用米粉 —— 50g
- 卵白 —— 3個分
- きび砂糖 —— 40g

コーヒーホイップ

- 生クリーム —— 120g
- きび砂糖 —— 20g
- インスタントコーヒー（顆粒） —— 3g
- 熱湯 —— 小さじ2（10g）

A

B

C

D

下準備

・天板にオーブンシートを敷く。
・オーブンは190℃に予熱する。
・卵黄と卵白は、それぞれボウルに入れる。
　卵白は冷凍庫で冷やしておく(少し凍るくらいでもよい)。

1 生地を作る。インスタントコーヒーは分量の湯で溶く。

2 卵黄のボウルに米油を加え、ホイッパーでよく混ぜる。**1**（A）、米粉の順に加え、そのつどよく混ぜる。

3 卵白のボウルにきび砂糖を加え、ハンドミキサーの高速で八分立て（羽根ですくったとき、先端がゆっくりおじぎするくらい）にする（B）。

4 **3**の1/3量を**2**に加え、ホイッパーでよく混ぜる。残りの**3**を加え、ゴムべらで底からすくうように混ぜる。

5 天板に流し入れ、カードで表面を平らにならし（C）、190℃のオーブンで10分ほど焼く。焼き上がったら台の上に軽く落とし、焼き縮みを防ぐ。オーブンシートごと網の上に取り出して冷まし、巻き始めと巻き終わりの辺を薄くカットする。

6 コーヒーホイップを作る。インスタントコーヒーは分量の湯で溶く。

7 ボウルに生クリームときび砂糖を入れ、底に氷水を当てながらハンドミキサーの高速で八分立て（羽根ですくったとき、先端がゆっくりおじぎするくらい）にする。**6**を加え、ホイッパーでまんべんなく混ぜる。

8 ぬれ布巾の上にオーブンシートを広げ、**5**のオーブンシートをはがし、焼き色がついた面を上にしてのせる。**7**を塗り、手前からくるくると巻く（D）。

9 巻き終わりを下にしてラップで包み、冷蔵庫で2時間ほど冷やす。食べやすく切る。

arrange たぬきケーキ

材料（５個分）

コーヒーロールケーキ（→p.68参照）
— １本

バタークリーム

- バター（食塩不使用）— 130ｇ
- 卵白 — １個分
- きび砂糖 — 50ｇ＋10g
- 水 — 大さじ１（15ｇ）

アーモンドスライス（ロースト）— 10枚

製菓用ビターチョコレート — 200ｇ

A

B

C

D

下準備

・バターは室温においてやわらかくする。

1 バタークリームを作る。ボウルにバターを入れてゴムべらでやわらかく練る。

2 小鍋にきび砂糖50gと分量の水を入れ、焦がさないように弱火で加熱する。砂糖が溶け、ふつふつと泡が出てきたら火を止める（A）。

3 別のボウルに卵白ときび砂糖10gを入れ、ハンドミキサーの高速で八分立て（羽根ですくったとき、先端がゆっくりおじぎするくらい）にする。

4 3に2を少しずつ注ぎながら、しっかり混ざるまでさらに泡立てる。

5 1を加え、しっかり混ざるまでさらに泡立てる（B）。

・分離してしまったら、湯せんにかけながら1分ほど混ぜる。

6 コーヒーロールケーキを5cm幅に切って寝かせ、5を全体に薄く塗る。

7 残りの5を丸口金をつけた絞り出し袋に入れ、6に丸く絞り、たぬきの頭を作る（C）。冷蔵庫で2時間ほど冷やす。

8 チョコレートは刻んで耐熱ボウルに入れ、湯せんにかけて溶かす。7の全体にかけ、かたまる前に指でつまんで目の部分を作る（D）。

9 アーモンドスライスをさして耳を作り、残った5とチョコレートを使って竹串などで目を描く。

材料（直径18cmの陶器製タルト型1台分）

生地

- 全卵 — 70g
- 米油 — 40g
- きび砂糖 — 50g
  - 製菓用米粉 — 45g
  - アーモンドパウダー — 30g
  - ベーキングパウダー — 小さじ½（2g）

濃いめにいれたコーヒー — 70g

ティラミスクリーム

- クリームチーズ — 40g
- きび砂糖 — 20g
- ラム酒 — 小さじ2（10g）
- 生クリーム — 120g

ココアパウダー — 適量

下準備

・クリームチーズは室温においてやわらかくする（200Wの電子レンジで30秒ほど温めてもOK）。

・型にバター（分量外）を薄く塗る。

・オーブンは170℃に予熱する。

1 ボウルに全卵、米油、きび砂糖を入れ、ホイッパーでよく混ぜる。粉類を加え、さらによく混ぜる。

2 型に流し入れ、170℃のオーブンで20分ほど焼く。取り出して、型のまま冷ます。

3 ティラミスクリームを作る。ボウルにクリームチーズときび砂糖、ラム酒を入れ、ホイッパーでよく混ぜる。

4 別のボウルに生クリームを入れ、底を氷水に当てながらハンドミキサーの高速で七分立て（羽根ですくったとき、とろりとリボン状に落ちるくらい）にする。

5 3に4をひとすくい加え、ホイッパーでよく混ぜる。残りの4も加え、まんべんなく混ぜる（A）。

6 2の全面にフォークで穴をあけ、コーヒーをまわしかける（B）。5をこんもりとのせ（C）、茶こしでココアパウダーをふる。

A

B

C

ティラミスケーキ

ほろ苦いコーヒーを含ませたスポンジの上に
ラム酒が香るティラミスクリームをたっぷりと。
マスカルポーネの代わりにクリームチーズを使えば手軽です。

ほうじ茶ブラウニー

誰もがほっとする香りを、ブラウニーにしました。
室温ではふんわり、冷やすとほろっとした食感。
仕上げに散らしたくるみも
いいアクセントになっています。

↓作り方はp.74

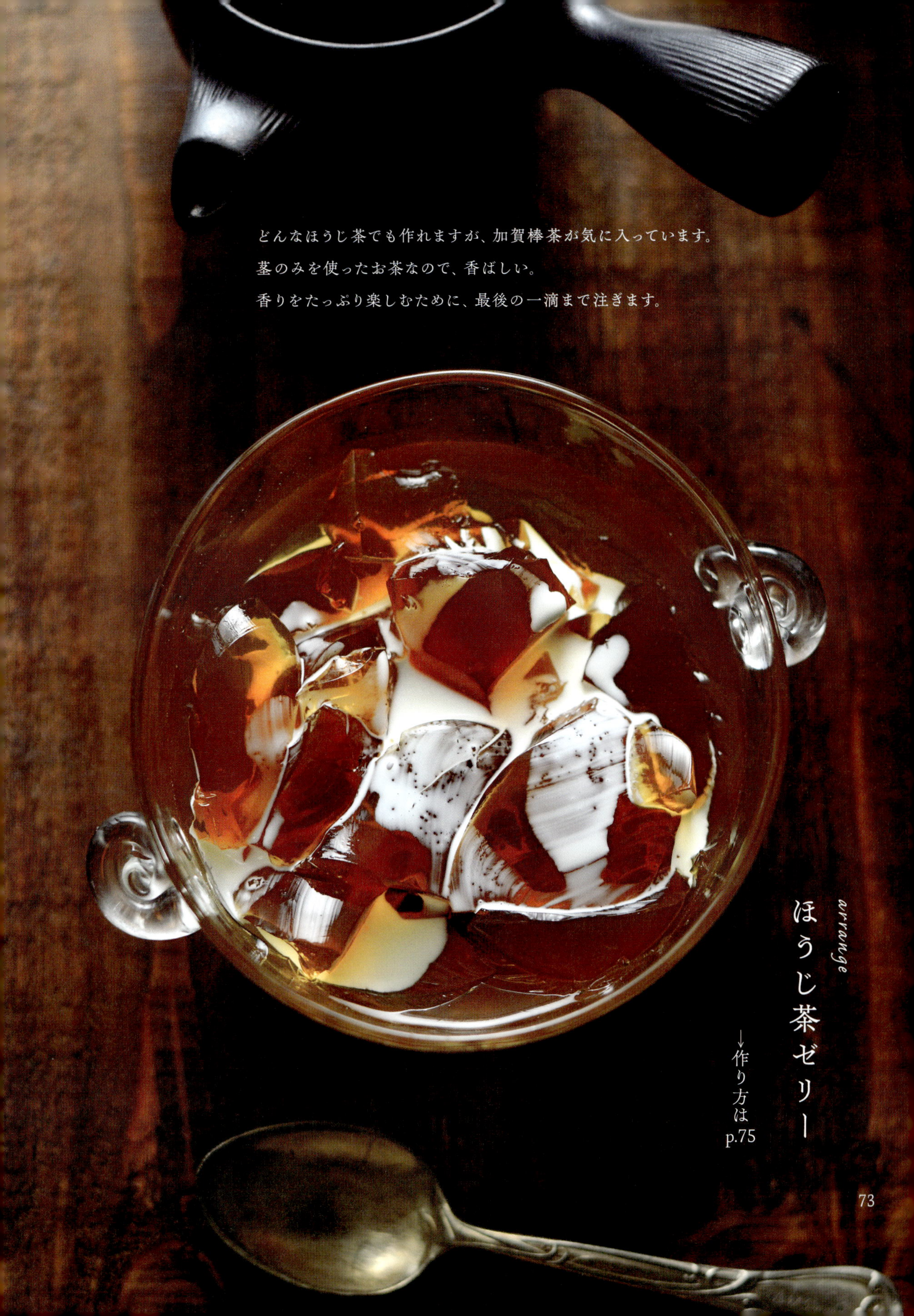

どんなほうじ茶でも作れますが、加賀棒茶が気に入っています。
茎のみを使ったお茶なので、香ばしい。
香りをたっぷり楽しむために、最後の一滴まで注ぎます。

arrange

ほうじ茶ゼリー

↓作り方は p.75

ほうじ茶ブラウニー

材料(20.8×14.5×高さ4.4㎝の
ホーローバット1枚分)

製菓用ホワイトチョコレート ── 90g
全卵 ── 70g
米油 ── 50g
きび砂糖 ── 10g
ほうじ茶葉(加賀棒茶)* ── 8g
｜製菓用米粉 ── 40g
｜アーモンドパウダー ── 25g
｜ベーキングパウダー ── 小さじ$\frac{1}{2}$(2g)
くるみ ── 適量

*同量のほうじ茶パウダーでもよい。

下準備

・ほうじ茶葉はすり鉢で細かくなるまですりつぶす(A)。
・バットにオーブンシートを敷く。
・オーブンは170℃に予熱する。

1 チョコレートは耐熱ボウルに入れ、湯せんにかけて溶かす。

2 全卵、米油、きび砂糖を加え、ホイッパーでよく混ぜる。ほうじ茶葉と粉類を加え(B)、よく混ぜる。

3 バットに流し入れ(C)、くるみを散らす。170℃のオーブンで25分ほど焼く。

A

B

C

arrange

ほうじ茶ゼリー

材料（４人分）

ほうじ茶葉（加賀棒茶）── 8g
熱湯 ── 220g
｜粉ゼラチン ── 3g
｜水 ── 30g
きび砂糖 ── 40g
生クリーム ── 適量

1 ゼラチンは分量の水にふり入れ、5分おいてふやかす。

2 急須にほうじ茶葉を入れ（A）、分量の熱湯を注ぎ、ふたをして3分おく。最後の一滴までボウルに注ぎ（B）、200gを計量する。きび砂糖と**1**を加え（C）、ゼラチンと砂糖が溶けるまでよく混ぜる。

3 粗熱をとり、冷蔵庫で3時間ほど冷やしかためる。

4 スプーンですくって器に盛り、食べる直前に好みで生クリームをかける。

A

B

C

不思議なことに、抹茶と柑橘はよく合う。
だから、オレンジの香りのコアントローをきかせました。
落ち着いた和の味わいを、華やかな香りで飾ります。

材料(17×8×高さ6cmのパウンド型1台分)

全卵 —— 70g
米油 —— 60g
きび砂糖 —— 60g
コアントロー(オレンジリキュール) —— 10g
- 製菓用米粉 —— 40g
- アーモンドパウダー —— 25g
- 抹茶(パウダー) —— 6g
- ベーキングパウダー —— 小さじ1/4(1g)

下準備
・型にオーブンシートを敷く。
・オーブンは180℃に予熱する。

1 ボウルに全卵、米油、きび砂糖、コアントローを入れ、ホイッパーでよく混ぜる。

2 粉類を加え(A)、粉けがなくなるまでさらによく混ぜる。

3 型に流し入れ(B)、180℃のオーブンで35分ほど焼く。

4 粗熱がとれたら型から出してオーブンシートをはがし、網にのせて冷ます(C)。

A

B

C

抹茶のパウンドケーキ

紅茶のシフォンケーキ

紅茶のシフォンケーキが好きです。
米粉ならではの、ふわ、もち、しゅわっ！
とした生地に、優雅な香りが広がります。
メレンゲをしっかり泡立てるのがコツ。

↓作り方はp.80

シフォンケーキをひと口大にカットし、卵液にひたして焼けば、口の中でほどける絶品おやつに。“フレンチシフォン”と呼ぶことにします。お好みでバニラアイスクリームをのせても。

arrange

紅茶のフレンチシフォン

↓作り方はp.81

紅茶のシフォンケーキ

材料（直径17㎝のシフォン型1台分）
- 卵黄 —— 4個（80g）
- 米油 —— 30g
- ぬるま湯（40℃くらい） —— 30g
- 製菓用米粉 —— 90g
- 紅茶パウダー（市販品）＊ —— 2g
- 卵白 —— 4個分（160g）
- きび砂糖 —— 70g

＊ティーバッグの茶葉をすり鉢で細かくすりつぶしてもよい。

下準備

・卵黄と卵白は、それぞれボウルに入れる。
　卵白は冷凍庫で冷やしておく（少し凍るくらいでもよい）。
・オーブンは170℃に予熱する。

1 卵黄のボウルに米油を加え、ホイッパーでよく混ぜる。分量のぬるま湯、米粉、紅茶パウダーの順に加え、さらによく混ぜる。

2 卵白のボウルにきび砂糖を少し加え、ハンドミキサーの高速で泡立てる。残りのきび砂糖を2回に分けて加え、そのつど2分くらいずつ泡立て、しなやかでコシのあるメレンゲを作る（A）。

3 **2**の$\frac{1}{3}$量を**1**に加え、ホイッパーでよく混ぜる（メレンゲの泡がつぶれてもよい）。残りの**2**の半量を加え（B）、ホイッパーで底からすくうようにして泡をつぶさないように混ぜる。残りの**2**を加えて同様に混ぜ、ゴムべらに持ちかえて底にたまった生地を全体になじませるように混ぜる。

4 型に流し入れ（C）、170℃のオーブンで35分ほど焼く。

5 取り出してすぐに逆さまにし、背の高い瓶などにかぶせて冷ます（D）。

6 完全に冷めたら型のふちと筒のまわりに沿って一周ぐるりと細いナイフをさし込み、生地をはがしてから側面の型をはずす。底板と生地の間にナイフをさし込み、底板と筒をはずす。

A

B

C

D

arrange

紅茶のフレンチシフォン

材料（1～2人分）

紅茶のシフォンケーキ（→p.80参照）
　── ⅓台分
牛乳 ── 100g
全卵 ── 1個
きび砂糖 ── 10g
バター（食塩不使用）── 10g
バニラアイスクリーム・粉砂糖・
　メープルシロップ ── 各適量

1　シフォンケーキは5cm角にカットする（A）。

2　バットに牛乳、全卵、きび砂糖を入れ、ホイッパーでよく混ぜる。1をひたす（B。すぐにしみ込む）。

3　フライパンを弱火で熱し、バターを入れて溶かす。2を入れ、トングなどで返しながら全面を焼く（C）。

4　器に盛り、好みでアイスクリームを添え、粉砂糖やメープルシロップをかける。

A

B

C

ミルクティー台湾カステラ

↓作り方はp.84

一度はおうちで作りたい台湾カステラを、ミルクティーの味わいで。
まずは焼きたてを手で大胆に割ってみてください。
ふわしゅわっというおいしい音と、アッサムの香りに癒されます。

arrange

ミルクティーブランマンジェ

↓作り方はp.85

口に入れた途端に、とろけるような舌ざわり。
牛乳だけで茶葉を煮出すミルクティーは、
2回沸騰させることで味も香りもしっかり抽出できます。

ミルクティー台湾カステラ

材料（17×8×高さ6cmのパウンド型1台分）

製菓用米粉 — 40g

牛乳 — 100g
紅茶葉（アッサム） — 3g

卵黄 — 2個

米油 — 30g

卵白 — 2個分

きび砂糖 — 40g

下準備

・卵黄と卵白は、それぞれボウルに入れる。
・型にオーブンシートを敷く。
・オーブンは130℃に予熱する。

1 小鍋に牛乳と紅茶葉を入れ、軽く混ぜてから中火にかけ、ひと煮立ちさせる。火から下ろして2分おき、再びひと煮立ちさせる。火を止め、茶こしでこし（*A*）、40gを計量する。

2 卵黄のボウルに米油を加え、ホイッパーでよく混ぜる。*1*（温かい状態）、米粉の順に加え、そのつどよく混ぜる。

3 卵白のボウルにきび砂糖を加え、ハンドミキサーの高速で七分立て（羽根ですくったとき、とろりとリボン状に落ちるくらい）にする（*B*）。

4 *2*に*3*を加え、ゴムべらで底からすくうようにして泡をつぶさないように混ぜる。

5 型に流し入れ、バットにのせて深さ2cmほど50℃くらいの湯を注ぎ、130℃のオーブンで50分ほど湯せん焼きにする（*C*）。

6 取り出して、熱いうちに型から出してオーブンシートをはがし、網にのせて冷ます。

A

B

C

arrange

ミルクティーブランマンジェ

材料（4人分）

- 牛乳 — 300g
- 紅茶葉（アッサム） — 4g
- 粉ゼラチン — 3g
- 水 — 30g

きび砂糖 — 40g

ホイップクリーム

- 生クリーム — 100g
- きび砂糖 — 5g

シナモンパウダー — 適量

1 ゼラチンは分量の水にふり入れ、5分おいてふやかす。

2 小鍋に牛乳と紅茶葉を入れ、軽く混ぜてから中火にかけ、ひと煮立ちさせる（*A*）。火から下ろして2分おき、再びひと煮立ちさせる。火を止め、茶こしでこしてボウルに入れ（*B*）、240gを計量する。

3 *2*に*1*ときび砂糖を加え、ゼラチンと砂糖が溶けるまでゴムべらでよく混ぜる。

4 器に注ぎ（*C*）、粗熱がとれたら冷蔵庫で3時間ほど冷やしかためる。

5 ホイップクリームを作る。ボウルに生クリームときび砂糖を入れ、底を氷水に当てながらハンドミキサーの高速で七分立て（羽根ですくったとき、とろりとリボン状に落ちるくらい）にする。

6 *4*に*5*をのせ、シナモンパウダーをふる。

A

B

C

お酒をきかせた夜おやつ

バットで作るラムチーズ

材料（20.8×14.5×高さ4.4㎝のホーローバット1枚分）

生地

- クリームチーズ ── 200g
- きび砂糖 ── 50g
- 生クリーム ── 80g
- 全卵 ── 100g
- 製菓用米粉 ── 10g
- レモン果汁 ── 10g

レーズンのラム酒漬け

- レーズン ── 30g
- ラム酒 ── 20g

下準備

- ・レーズンはラム酒とともに保存容器に入れ、室温で2日以上おく（A）。
- ・クリームチーズは室温においてやわらかくする（200Wの電子レンジで1分ほど温めてもOK）。
- ・バットにオーブンシートを敷く。
- ・オーブンは170℃に予熱する。

A

B

C

1 ボウルにクリームチーズときび砂糖を入れ、ゴムべらで練り混ぜる。なじんだらホイッパーに持ちかえ、よく混ぜる（B）。

2 生クリーム、全卵、米粉、レモン汁の順に加え、そのつどよく混ぜる。レーズンをラム酒ごと加え、さらによく混ぜる。

3 バットに流し入れ（C）、170℃のオーブンで40分ほど焼く。

4 取り出してバットのまま粗熱をとり、冷めたら冷蔵庫で1日以上冷やす。

ラムやキルシュ、ときには酒粕を忍ばせて。
ひとりの夜時間に静かに楽しみたい、
贅沢なおやつです。

ラムレーズンたっぷり、
大人のチーズケーキ。
口に入れた途端、
芳醇な香りが
ふわっと広がります。
こっそり、夜更かしの
おともにいかがでしょう？

ラムフルーツケイク

ケーキではなく、
「ケイク」と呼びたくなるのは
ひと切れでもずっしり、
食べごたえがあるから。
半日ほど寝かせると、
ラム酒が生地になじんで
しっとり。

材料(17×8×高さ6cmのパウンド型1台分)

生地

- バター(食塩不使用) — 80g
- きび砂糖 — 70g
- 全卵 — 110g
  - 製菓用米粉 — 70g
  - アーモンドパウダー — 40g
  - ベーキングパウダー — 小さじ1/2強(2.5g)

くるみ — 30g

ドライフルーツのラム酒漬け

- ミックスドライフルーツ (いちじく、あんず、クランベリー、レーズンなど) — 合わせて120g
- ラム酒 — 50g

ラム酒(仕上げ用) — 適量

下準備

- ドライフルーツは大きければ1cm角ほどに刻む。ラム酒とともに保存容器に入れ、室温で2日以上おく。
- バターは室温においてやわらかくする。
- 型にオーブンシートを敷く。
- オーブンは180℃に予熱する。

A

B

C

D

1 ドライフルーツは汁けをキッチンペーパーでおさえる。くるみは粗く刻む。

2 ボウルにバターときび砂糖を入れ、ゴムべらで練り混ぜる。なじんだらホイッパーに持ちかえ、白っぽくなるまでよく混ぜる(A)。

3 全卵を少しずつ加えて混ぜ、粉類を加えてさらによく混ぜる。*1*を加え、ゴムべらでまんべんなく混ぜる(B)。

4 型に流し入れ、スプーンなどで表面を平らにならす(C)。180℃のオーブンで40分ほど焼く。取り出して、温かいうちにラム酒をはけで塗る(D)。ラップで包み、冷蔵庫に半日以上おいて味をなじませる。

酒粕チーズケーキ

チーズも酒粕も、同じ発酵食品。
2つを合わせたら
奥行きのある味わいになりました。
ボトムには米粉のタルト生地を。
パクッとつまみたくなる
スティック状に切り分けます。

材料(18㎝角のスクエア型1台分)

チーズ生地

- クリームチーズ —— 200g
- きび砂糖 —— 45g
- 酒粕(練り酒粕 →p.94) —— 30g
- 生クリーム —— 80g
- 全卵 —— 60g
- 製菓用米粉 —— 10g
- レモン果汁 —— 10g

タルト生地

- バター(食塩不使用) —— 30g
- 全卵 —— 15g
- きび砂糖 —— 25g
  - 製菓用米粉 —— 50g
  - アーモンドパウダー —— 20g

バター(ボトム用) —— 30g

下準備

・クリームチーズは室温においてやわらかくする(200Wの電子レンジで1分ほど温めても OK)。
・ボトム用のバターは湯せんにかけて溶かす。
・型にオーブンシートを敷く。

1 「流しっぱなしのシナモンフロランタン」(→p.19)の作り方*1*〜*4*と同様にタルト生地を作る。

2 ボウルに*1*を割り入れてめん棒などで砕き(*A*)、溶かしたバターを加えて全体になじませる。

3 型に*2*を入れ、スプーンなどでぎゅっと押して底一面に敷き詰める(*B*)。

4 チーズ生地を作る。オーブンを170℃に予熱する。ボウルにクリームチーズときび砂糖、酒粕を入れ、ゴムべらで練り混ぜる。生クリーム、全卵、米粉、レモン汁を順に加え、そのつどホイッパーでよく混ぜる。

5 *4*を*3*に流し入れ(*C*)、表面をカードで平らにならし(*D*)、170℃のオーブンで40分ほど焼く。

6 取り出して型のまま粗熱をとり、冷めたら冷蔵庫で半日以上冷やす。

A

B

C

D

キルシュのカヌレ

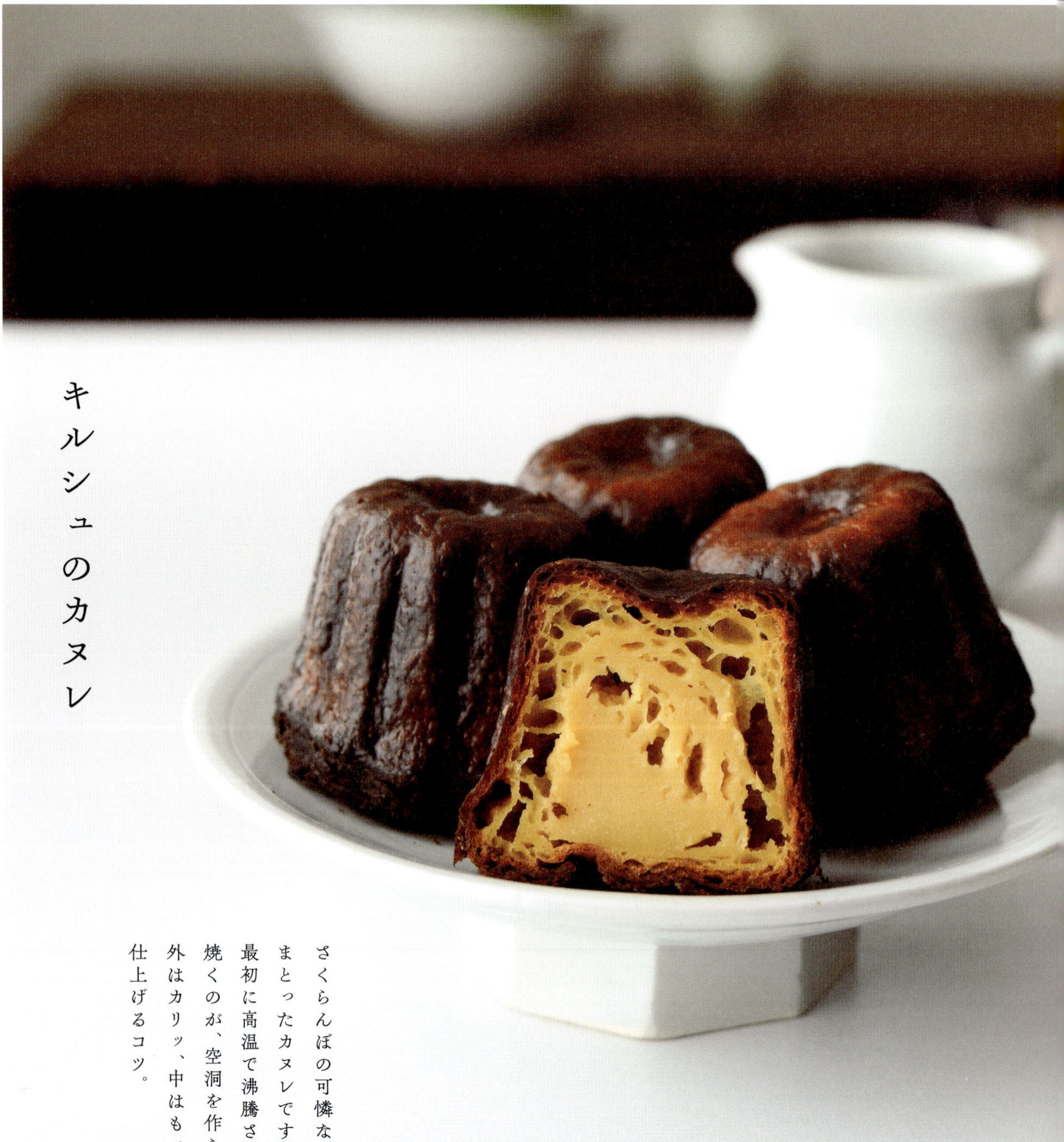

さくらんぼの可憐な香りを
まとったカヌレです。
最初に高温で沸騰させるように
焼くのが、空洞を作らず
外はカリッ、中はもっちりに
仕上げるコツ。

材料
(直径6cm×高さ5.5cmのカヌレ型4個分)

- バター(食塩不使用) ── 10g
- 牛乳 ── 130g

製菓用米粉 ── 40g
きび砂糖 ── 50g
全卵 ── 25g
卵黄 ── 1個
キルシュ(→p.94) ── 10g
バニラペースト(またはバニラビーンズ)
── 少々

下準備
・型にバター(分量外)を薄く塗る。
・オーブンは250℃に予熱する。

1 小鍋にバターと牛乳を入れ、弱火にかける。バターが溶けたら火を止める。

2 ボウルに残りの材料を合わせ、ホイッパーでよく混ぜる(A)。

3 2に1を注ぎ、さらによく混ぜる(B)。

4 型に流し入れ(C)、250℃のオーブンで15分焼き、200℃に下げて30分ほど焼く。

5 取り出して熱いうちにひっくり返し(やけどに注意)、型からはずして冷ます(D)。

A

B

C

D

米粉について

米粉には、原料（うるち米またはもち米）や製粉方法によって、さまざまな種類があります。おやつ作りには、「製菓用（菓子用）」と書かれたものを選んでください。製菓用米粉は粒子が細かく、うるち米から作られているのが特徴。私はこの2種類を愛用しています。

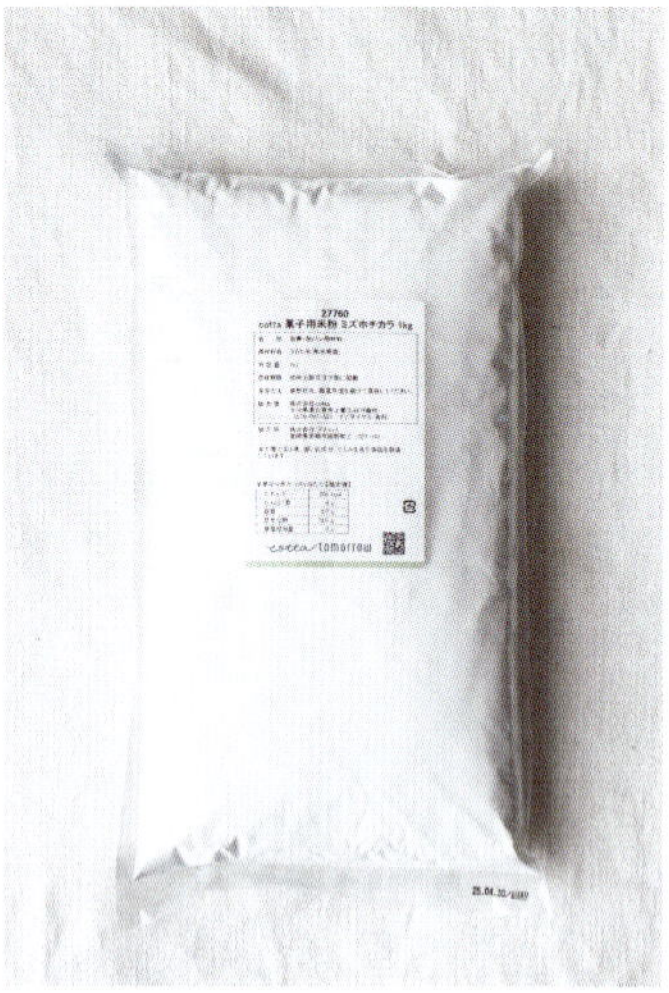

cotta 菓子用米粉　ミズホチカラ

「ミズホチカラ」は、米粉のために開発されたお米の品種。粒子がさらさらときめ細かく、ふんわり仕上げたいマフィンやケーキに、特におすすめです。

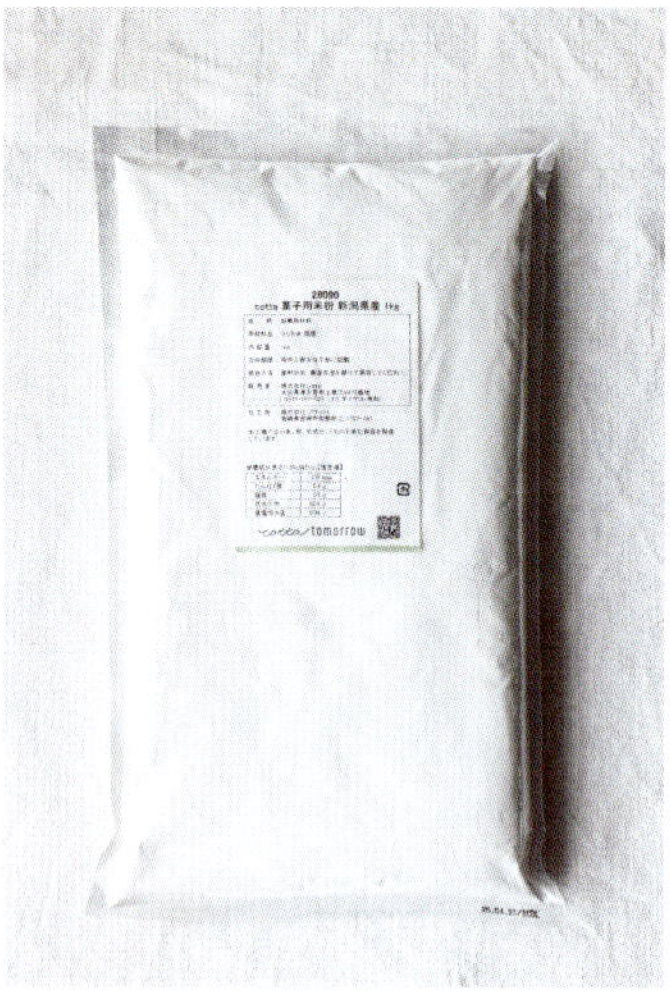

cotta 菓子用米粉　新潟県産

新潟県産のうるち米を使用。本書では、よりサクッと仕上げたいおやつ（サブレとクッキー、フロランタン、シュークリーム、タルト）にはこちらを使いました。

「大人のおやつ」を作るもの

リッチな味わいをもたらすもの

生クリームは動物性のものを使っています。乳脂肪分は、特に記載のない限り、お好み（35～47％程度）でかまいません。バターは基本的に食塩不使用のもの、クリームチーズは「Luxe」の400g入りの大箱が使いやすくて気に入っています。製菓用チョコレートは、刻まずに使えるタブレットタイプが便利。

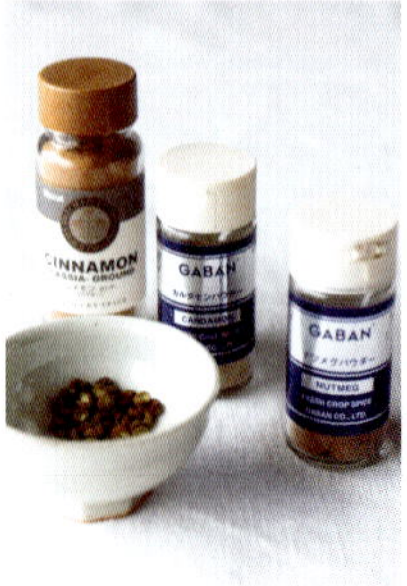

スパイス

スーパーで入手しやすいパウダータイプのものでかまいませんが、もしあれば山椒はホールをすりつぶして使うと、ぐっと香りが引き立ちます。シナモンは、甘く濃厚な香りの「カシアシナモン」が、焼き菓子向きです。

お酒、リキュール

お酒をきかせたおやつは、大人ならではの楽しみ。なんにでも合わせやすいラム酒をはじめ、キルシュやグランマニエ、コアントローなどは小瓶だといろいろな種類を試しやすいと思います。酒粕は、やわらかい練り粕タイプが使いやすくおすすめです。

コーヒー、お茶

コーヒーは、おやつ作りには溶けやすいインスタントタイプが重宝です。紅茶はNINA'Sのアッサム、ほうじ茶は金沢の加賀棒茶、抹茶はcottaの「京都宇治抹茶パウダー　舞」を愛用。いずれもおやつに豊かな香りと、少しのほろ苦さをもたらしてくれます。

型のこと

a/パウンド型

17×8×高さ6cmのもの。スパイスキャロットケーキ(→p.58)、抹茶のパウンドケーキ(→p.76)、ミルクティー台湾カステラ(→p.82)、ラムフルーツケイク(→p.88)に使用。

b/ホーローバット

バットと言いつつ、私が使用しているのは野田琺瑯のホーロー製保存容器「ホワイトシリーズ レクタングル浅型S」。20.8×14.5×高さ4.4cmサイズのものです。バター香る贅沢フィナンシェ(→p.26)、ほうじ茶ブラウニー(→p.72)、バットで作るラムチーズ(→p.86)に。

c/スクエア型

18×18cmのもの。酒粕チーズケーキ(→p.90)に使用しました。

d/ロールケーキ用天板

巻きやすく、きれいに仕上がる25×25cmのロールケーキ用天板。コーヒーロールケーキ(→p.66)に使用しました。

e/丸型

直径15cmのもの、底取れタイプが便利です。本格ガトーショコラ(→p.24)、レモンスフレチーズケーキ(→p.40)、かぼチョコケーキ(→p.56)に。

f/シフォン型

直径17cm、アルミ製のもの。紅茶のシフォンケーキ(→p.78)を作るときに使用。

g/マフィン型

100円ショップ「セリア」で購入した直径7.5cm×高さ3.5cmの耐熱性カップを、マフィン型として使用。ハニーチーズマフィン(→p.32)、チーズとパセリのふわもちマフィン(→p.33)、生レモンケーキ(→p.42)、りんごのコンポートとキャラメルのマフィン(→p.46)、バナナのバレンタインマフィン(→p.48)に。

h/グラシンカップ

マフィン型に重ねて使用。cottaの「グラシンケース 10F」を使っています。

i/陶器製タルト型

直径18cmのもの。薄くバターを塗っておけば、オーブンシートを敷かずに生地を流せます。いちじくとマスカルポーネのケーキ(→p.38)、洋梨とブルーチーズのケーキ(→p.44)、ティラミスケーキ(→p.70)に使用しました。なければ金属製の型でも同様に作れます。

j/カヌレ型

直径6cm×高さ5.5cmのもの。キルシュのカヌレ(→p.92)に使用。

オーブンシートの敷き込み方

パウンド型・バット・スクエア型の場合

オーブンシートを型の両端の高さに合わせて切り、角に沿って折り目をつける。

型に敷き込む。

丸型の場合

オーブンシートを底板に合わせて切り、型の底に敷き込む。

側面用に、オーブンシートを型の高さより1cmほど高くなるように帯状に切り、側面に敷き込む。

創房優（そうぼうゆう）

金沢美術工芸大学でデザインを学んだのち、金沢の飲食店や和菓子店で調理・菓子製造を経験、企業で食品企画・開発に携わる。同時に、SNSで「米粉だからおいしい」にこだわったおやつを発表。そのわかりやすいレシピと、ほっとするやわらかな雰囲気の動画で話題に。2024年10月、故郷・岐阜県多治見市に自身の小さな店「おやつ 創房優」をオープン。

YouTube：創房優「優しいおやつの時間」
https://www.youtube.com/@soboyu_recipe

Instagram：@soboyu_recipe

おやつ 創房優

岐阜県多治見市本町5-9-1 陶都創造館1F
土・日曜のみ営業
10:00〜15:00ごろ
※おやつがなくなり次第閉店

大人の米粉おやつ

著　者　創房優
編集人　足立昭子
発行人　殿塚郁夫
発行所　株式会社主婦と生活社
〒104-8357　東京都中央区京橋3-5-7
Tel：03-3563-5321（編集部）
Tel：03-3563-5121（販売部）
Tel：03-3563-5125（生産部）
https://www.shufu.co.jp
ryourinohon@mb.shufu.co.jp
印刷所　TOPPANクロレ株式会社
製本所　株式会社若林製本工場
ISBN978-4-391-16425-1

デザイン / 天野美保子
撮影 / 有賀 傑（カバー、p.1〜4、5一部、8〜9、24、
36〜37、49背景、62〜63、65背景、
71、94、96）
創房優
校閲 / 滄流社
編集・取材 / 山村奈央子

撮影協力 / cotta
https://www.cotta.jp